1 目で見てわかりやすい文字はどれ？
さわってわかりやすい文字はどれ？

2 中身はなんだろう？

3 何が買えるのかな？

ヘンキャク　　　　　　　　　　　　　コイン

1 見ることと、さわることを比べてみましょう。

2 ジャムの種類がわかるとうれしい！

写真提供／アヲハタ株式会社

3 自動販売機。自分で好きなものを選んで買うためには……。

ヘンキャク　　**コイン**　　　　**シヘイ**

協力／株式会社伊藤園

点字はじめの一歩
③ 点字とくらす

文／黒﨑惠津子
絵／朝倉めぐみ

汐文社

はじめに

　点字はだれのためにある？　それは、点字を使う人のため。点字のことを理解するためには、点字の書き方や歴史だけでなく、それを使う人たちのことを知ることが大切なのです！　とはいえ、いつ見えなくなったか、いつ点字を覚えたか、ふだんどんなふうに点字を使って生活しているか——点字を使う視覚障害者と点字のかかわりは十人十色です。

　そこで、3巻では、年齢も、生活環境も異なる3人の視覚障害者の、日々の生活や点字とのかかわりについて紹介することにしました。ふだん不便に思っていることや、こんなことができたらという願いもでてきます。

　「もしも自分が点字を使う視覚障害者だったら……」と考えながら読んでみてください。そして、その解決策や実現方法も、ぜひいっしょに考えてみてください。

CONTENTS

はじめに ……………………………… 2

CASE 01　緑川 りこ ……………… 4

● どんなふうに、くらしているの？ 私の1日 … 5
● 点字、こんなことに使っています … 6
● 点字、自分でつけます！ ………… 10
● 点字以外の方法も ………………… 12
● もっと読みたい！ ………………… 13

指で読む ……………………………… 14

CASE 02　神崎 あおい ………… 16

● どんなふうに、くらしているの？ 私の1日 … 17
● 点字が大活躍！ …………………… 18
● キッチンにある点字 ……………… 20
● 点字、自分でつけます！ ………… 24
● 点字以外の方法も ………………… 25

パソコンが点訳を変えた …………… 26

CASE 03　西条 樹 ……………… 28

● どんなふうに、くらしているの？ 私の1日 … 29
● 点字、こんなことに使っています … 30
● 点字があれば、自分でできる！ … 32
● 点字、自分でつけます！ ………… 33
● 点字以外の方法も ………………… 34
● 命にかかわること ………………… 36

生産中止！［大切に使われているのに……］ … 38

あなたなら、どう思う？ …………… 40

きっとできる、こんなこと！ ……… 42

文字は何のために？ ………………… 44

みんなにできる！
あんなこと、こんなこと …………… 46

おわりに ……………………………… 52

「見えない」世界で生きること
──もっと知りたい人のために── ……… 53

CASE 01 点字とくらす

緑川 りこ

【12才／小学6年生】

Riko Midorikawa

- 名前：緑川 りこ
- 年齢：12才
- 見え方：全盲
- いつ見えなくなったか：生まれつき
- 今：盲学校（視覚障害特別支援学校）の小学部6年生。家から学校までは電車とバスで1時間40分。通うのが大変なので、月曜日と火曜日は寄宿舎にとまります。盲学校は数が少ないから、遠いところから通っている人もたくさんいます。
- しゅみ：キーボードをひくこと、アニメを見ること

―どんなふうに、くらしているの？―
私の1日

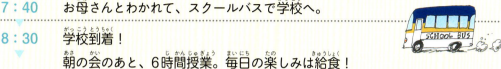

5：50	起床。学校に行く日は早起きです。
6：00	朝ごはんを食べて、歯みがきや着替えをすませます。
6：50	お母さんと家を出発、電車に乗ってスクールバスのバス停に向かいます。
7：40	お母さんとわかれて、スクールバスで学校へ。
8：30	学校到着！ 朝の会のあと、6時間授業。毎日の楽しみは給食！
15：30	帰りの会で学校は終わり。月曜日と火曜日は寄宿舎にとまります。家に帰ったときみたいに、「ただいま」って言います。友だちといっしょで楽しいよ。 学校から帰ったら、まず、宿題をすませちゃう。
16：00	その後は自由時間。キーボードをひいたり、小さい子とおしゃべりしたり。 中学生の先輩と遊ぶのも好きなんだ。
18：00	寄宿舎の夕ごはん。
19：00	おふとんも自分でしきます。
19：30	おふろ。寄宿舎のおふろは広いから、温泉気分！
21：00	就寝。明日の朝、洗濯機を回して、 洗濯ものをほしてから登校するんだよ！

休日は…

休みの日はちょっとゆっくり起きます。キーボードをひいたり、アニメを見たり、のんびりすごすことが多いです。お母さんと、近くの大きなスーパーに買い物に行くのも楽しみ。ときどきお父さんと映画を見に行くこともあります。6年生だから宿題もたくさんでるので、勉強が大変なときも……。

CASE 01 緑川 りこ

点字、こんなことに使っています

授業 学校では、毎日点字を使って勉強。国語、算数、理科、社会、外国語、体育、音楽、家庭科、総合、道徳……科目は普通の学校といっしょだけれど、「自立活動」という時間があって、点字や歩行やパソコンの勉強もしています。

教科書

1冊の国語の教科書が点字では4冊に。

プリント・テスト

先生が作ったものです。

ノート

点字盤でしっかりとり、教科ごとにファイルにとじます。

算数で使う定規や分度器も、さわってわかるようになっています。点字では難しいこと……それは、筆算！かわりに、小さいときからそろばんの練習をして、暗算力をきたえます。

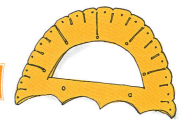

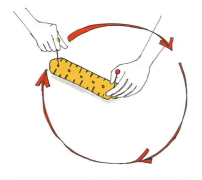

分まわし（コンパス）

定規
目もりをさわってわかるようになっています。

三角定規

盲人用そろばん
玉が動きにくくなっています。

地図
さわって読み取ります。
発行／社会福祉法人 日本ライトハウス

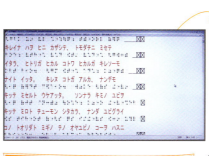

パソコンと点字ディスプレイ

だれかに読んでもらうより、自分で点字でしっかり確認したい。パソコンを使って点字辞書で言葉の意味を調べます。点字ディスプレイで点字データを1行ずつ読むことができます。

CASE 01　緑川 りこ

図書館

　本を読むことも大好き！　学校の図書館や点字図書館から本を借りて読みます。学校の図書館には、普通の文字の本、点字の本、拡大文字の本、録音図書、それに布やいろいろな素材で作った「手で見る絵本」などが置かれています。1、2年生のときは、果物の香りのついた「手で見る絵本」をさわるのが大好きだったな。

　点字図書館は各都道府県に1か所以上はあります。電話すれば、点字図書や録音図書を送ってくれます。読みたい本が決まっていなくても、「学校であった怖い話」「素敵な恋愛小説が読みたい」などと希望を伝えれば、いっしょに選んでくれます。

点字図書

『ハリー・ポッターと賢者の石』は、点字では1巻が6冊に！ シリーズ全部、自分のものにしたいけれど、置く場所がないので、借りて読みました。

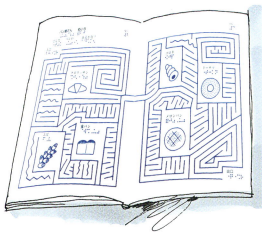

点字雑誌

子ども向けの雑誌『テルミ』。発泡インクというインクで、点字も絵ももりあがっているの。私は、めいろが楽しみだったな。

発行／一般財団法人 日本児童教育振興財団

手で見る絵本

布や毛糸、革など、いろいろな材料で絵を立体的にした絵本。ふわふわやざらざらなど、さわってわかるのも楽しいよ。

CASE 01　緑川　りこ

> 点字、自分でつけます！

　自分の持ち物に名前をはったり、教室名が点字で書いてあるとわかりやすいんだ。
　新学期になると、先生が、新しい下駄箱、ロッカー、机に名前をはっておいてくれます。教室のドアの近くの手すりには教室の名前、階段の手すりには何階かが書いてあります。教科書やノート用のファイルには、自分で名前や教科名をつけます。シールのようにはれるタックペーパーを使います。修学旅行のときは、荷物をお母さんといっしょに準備して、中身がわかるように点字をはりました。

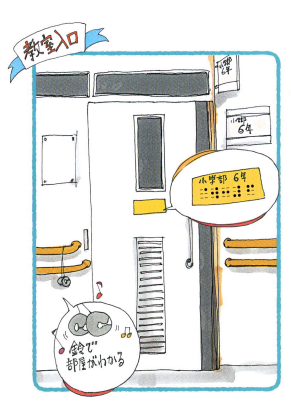

CASE 01 緑川 りこ

点字以外の方法も

音のでるもので楽しめるもの、役に立つものがいろいろあります。

デイジー図書

本は今は点字で読むことが多いけれど、小さいときは点字が速く読めなかったので、デイジー図書という録音図書も聞いていました。

温湿度計

ねこの頭をおすと、温度と湿度を音声で言ってくれる温湿度計を持っているんだ。「毛皮をぬぎたいよ〜」とか「このお部屋ちょうどいい」って、おしゃべりもしてかわいいよ。

音のでるおもちゃ

小さいとき、話しかけると同じことを言う人形が好きでした。ボタンを押すといろいろな楽器の音がする絵本も楽しかったな。

もっと読みたい！

　まんがを点訳したものも少しはあるの。セリフだけじゃなくて場面の様子も少し加えてある。絵を点で表した「点図」というものがあって、絵本や地図で使われることもあるけど、まんがは難しい。でも、もっとたくさん読みたいなあ。雑誌も大人向けのものはいろいろあるんだけれど、私が読みたいものは少ない……。中学生が読むような、おしゃれのことがわかる雑誌も読みたいな。

指で読む

私は小学校1年生から点字の勉強をはじめました。1学期の終わりごろには五十音が読めるようになって、2学期には短いお話が読めるようになって、うれしかったな。今では長い文章もたくさん読んでいます。

Q&A クイズで考えよう！

Q1. 点字はどうやって読む？

A 指を上下に動かして読む

B 指を横に動かしながら読む

C 点字をつぶさないように、上からそっとさわる

正解は、B。慣れないうちは指を上下に動かして点を確かめる方がわかるんだけれど、それだと速く読めるようにはならないの。みんなもさわってみて！　点字はけっこうじょうぶで、そんなに簡単にはつぶれないよ。

Q2. 点字はどの指で読む？

A きき手の人差し指

B 自分の好きな指

C 両手の人差し指、中指、薬指を使う気持ちで

正解は、C。おもに読んでいるのは人差し指なんだけれど、指1本、ピンと立てて読むわけじゃないの。両手を使って左から右に読むと、右手の薬指や小指は行末がいちはやくわかるし、右手が行末を読んでいるうちに、左手はもう次の行の先頭にいって待っているの。

りこちゃんは小さいときから点字を読んでいるから、速く読めるようになったね。年をとってから失明して点字を覚える人もいて、りこちゃんのようには読めない人もたくさんいます。

CASE 02 点字とくらす

神崎(かんざき) あおい 【45才(さい)／主婦(しゅふ)】

Aoi Kanzaki

名前(なまえ)	神崎(かんざき) あおい
年齢(ねんれい)	45才(さい)
見(み)え方(かた)	光(ひかり)や明(あか)るさ、目(め)の前(まえ)に人(ひと)がいるのはぼんやりとわかる。
いつ見(み)えなくなったか	小(ちい)さいころは弱視(じゃくし)で、大(おお)きなひらがながなんとか読(よ)めました。小学校(しょうがっこう)2年生(ねんせい)のときから点字(てんじ)を覚(おぼ)えました。だんだん視力(しりょく)が落(お)ちていき、上(うえ)の子(こ)どもを産(う)んだあと、ほとんど見(み)えなくなりました。
今(いま)	夫(おっと)、中学校(ちゅうがっこう)2年生(ねんせい)の女(おんな)の子(こ)、小学校(しょうがっこう)3年生(ねんせい)の男(おとこ)の子(こ)の4人家族(にんかぞく)
しゅみ	水泳(すいえい)、サウンドテーブルテニス（視覚障害者(しかくしょうがいしゃ)の卓球(たっきゅう)）など、運動(うんどう)が大好(だいす)き。

16

― どんなふうに、くらしているの？ ―

私の1日

5:30	起床。
5:40	洗濯機を回しながら、朝食の準備、お弁当作り。ガスレンジと電子レンジがフル回転！
6:20	夫や子どもが起きてきて、朝ごはん。
7:20	夫と娘を送り出してから、私も朝ごはんを食べます。
7:50	息子を送りながらゴミだし。それから、洗濯物をほします。今日は忘れ物ないかなあ……。
8:30	フローリングの床にそうじきがけ。
9:00	やれやれ、ちょっとひと休み。
10:00	パソコンで生協の商品をチェックして、1週間分の食料や日用品を注文します。
12:00	お昼ごはん。
13:30	今日は息子の学校の保護者会。クラスのお母さんとほんのちょっとお茶をしてから、急いで帰宅。
16:00	息子が帰って来て、おやつを食べます。音読の宿題を聞いてあげます。
17:00	さあ、夕食の用意！
18:30	娘も帰って来て、3人で夕食。夫は遅い日が多いです。
19:30	子どもたちが順番におふろに入ります。
20:30	夫が帰宅して夕食。
22:00	後片付けをしてからおふろに入ります。
23:00	お弁当の下ごしらえをしてから、おやすみなさい！

休日は…

土曜日は息子は野球の練習に、娘はお弁当を持って部活に。バレーボール部で、日曜日は試合にでることも。大きな試合のときは、お弁当にから揚げをよく作ります。ほかのお母さんといっしょに応援にも行きます。時間があるときはサウンドテーブルテニスの練習に行くこともありますが、なかなか行けない……子育てに休みなし！

CASE 02　神崎 あおい

点字が大活躍！

だれにも便利な音声案内がふえ、家電製品には、さわってわかる凸マークがつけられているのが普通になって、いろいろ便利になってきました。でも、やっぱり点字でないと、というのが勉強するとき。自分で考えたり、整理したり、記憶したりするのには、自分の文字があった方がいい。

英語検定

中学・高校時代は英語が好きだったので、英語検定を点字で受検しました。英語には約200種類の略字が決められていて、少ないマス数で書けるようになっています。2次試験の面接はとても緊張しましたね。

b＝but
c＝can
e＝every

試験を受ける

高校生のころ、大学進学を目指して勉強しているときには、模試も点字で受験しました。もちろん、大学入試も点字で受けました。点字は普通の文字に比べて読み書きに時間がかかるので、1.5倍の時間延長もありました。むかしは、口頭試問といって、点字の問題が用意されず、面接のような形で試験が行われることもあったんですよ。自分の力を確かめるには、やっぱり点字がないと。

点字の本

「サピエ図書館」という点字図書やデイジー図書のデータベースがあって、全国の点字図書館や公共図書館が持っている20万タイトル以上（2019年現在）の中から、自分で読みたい本を検索して探すこともあります。データをダウンロードすることもできるので、点字5巻なんていう本も場所をとらずに自分で持っていて、好きなときに点字ディスプレイに表示させて読むことができます。点字のデータを作成しているのは、全国のたくさんの点訳ボランティア。直接お会いすることはないけれど、感謝しています。

　また、子どもが小さかったころ、大阪の「ふれあい文庫」というところから点字つきの絵本を借りてよく読み聞かせをしました。ふれあい文庫は、岩田美津子さんという全盲のお母さんがはじめたところで、今では全国に郵送で貸しだしをしてくれています。

選挙

選挙には必ず行きます。点字投票所という場所が作られていて、申しでると点字盤をだしてくれます。点字の選挙公報を読み、点字で候補者名を書いて投票します。

CASE 02 神崎 あおい

キッチンにある点字

　料理は好きなほうです。そんなにこったものを作るわけではないのですが、冷蔵庫やたなの調味料や香辛料、けっこういろいろあります。容器の素材や大きさ、形、置き場所で区別し、わかりにくいものは自分で点字や目印をつけます。メーカーで商品名を点字でつけてくれている商品はやっぱりうれしいなあ。

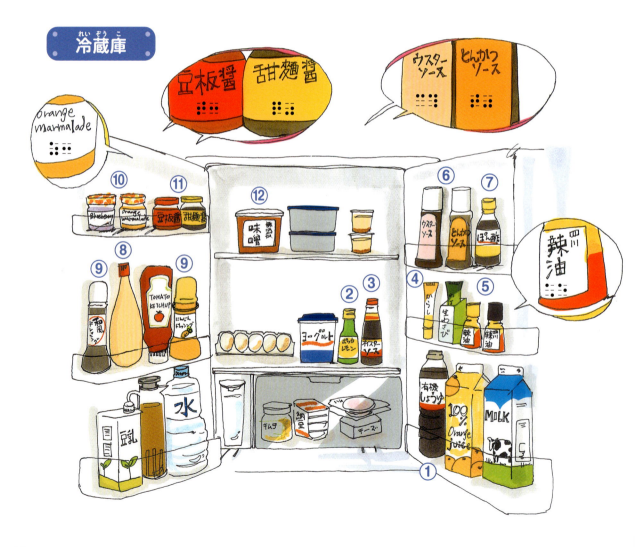

冷蔵庫

① **しょうゆ**
1リットルのペットボトル。大きさ、形でわかる。

② **レモン果汁**
「ポッカレモン」って点字で書いてあってうれしい！

③ **オイスターソース**
小さいガラスびん。大きさ、形でわかる。

④ **チューブ入りのわさびとからし**
これは同じ形なので、わさびは箱に入れて、からしの箱は捨ててチューブで立ててあります。

⑤ **ラー油とからいラー油**
夫がからいもの好きなので、ラー油は2種類！　からい方に「カラ」と自分で点字をはってあります。私にはからすぎるので、絶対にまちがわないように。

⑥ **とんかつソースとウスターソース**
どちらも「ソース」と点字で書いてあるけれど、同じ形なので、自分で「トン」「ウス」と点字をはってあります。

⑦ **ぽんず**
オイスターソースより少し大きいガラスびん。大きさでわかる。

⑧ **ケチャップとマヨネーズ**
「ケチャップ」と点字表示があるものを使っているので区別できる。

⑨ **和風ドレッシングとにんじんのドレッシング**
いつも和風ドレッシングを買うことが多いのですが、ちがう味も試してみたくて。どちらにも「ドレ」と点字があるのですが、区別するためににんじんに輪ゴムをつけてあります。

⑩ **ブルーベリージャムとオレンジマーマレード**
これも「ジャム」という点字がついています。マーマレードの方に「マー」とつけておきました。

⑪ **豆板醤と甜麺醤**
これも同じ形のガラスびんなので、「トー」「テン」と点字をはってあります。からいのとあまい味、まちがったら大変ですよね。

⑫ **みそ**
プラスチックのケース入り。これはべつに迷わないですね。

CASE 02　神崎 あおい

たなや引きだし

① 塩とさとう
よく使うものは調味料入れに。上が塩、下がさとう。

② とりがらスープの素
これはメーカーで「トリガラ」とふたに点字をつけてくれているんです。使うたびにいつも「わかりやすい！」と実感。

③ バジル、パセリ、ナツメグ
全部同じ形なので、自分で「ジ」「パ」「ナツ」と点字をつけました。
「バ」と「パ」はまぎらわしいから、「バジル」は「ジ」で。
容器が小さいのでちょっとはりにくい。

④ ブラックペッパー
これはさわって区別しやすいように、ミルつきの容器を使っています。ゴリゴリまわすと、いい香り！

シンクの下

⑤ オリーブオイル
四角いガラスびん。大きさ、形でわかる。

⑥ サラダ油
プラスチックの容器。大きさ、形でわかる。

⑦ ごま油
ふたの部分に点字で「アブラ」と書いてあるんです。

⑧ お酢
丸みのあるずんぐりしたガラスびん。大きさ、形でわかる。

⑨ ワインビネガー
ワインのような丸みのあるガラスびん、大きさ、形でわかる。

⑩ 料理酒とみりん
両方とも1リットルのペットボトルなので、「ミリン」「サケ」と自分で点字をはっています。容器が大きいから、3文字もOK。

CASE 02　神崎 あおい

点字、自分でつけます！

調味料だけでなく、自分でちょっと点字をうっておけば、それが何かがすぐわかります。そんなときには子どものころから使っている点字盤と、シール状になった透明のタックペーパーが、今でも大活躍。

引きだし

洋服は春・秋もの、夏もの、冬ものを家族一人ひとりの引きだしに分けて入れています。ひきだしに、「冬」「下着」「くつした」などと点字をはっています。

化粧品

化粧水と乳液、容器の形が同じです。化粧水を左、乳液を右に置くようにしていますが、化粧水の方にシールもはっています。

ＣＤやＤＶＤ

子どもがいるので、ＣＤやＤＶＤもたくさん。タイトルをうってはってあります。

点字以外の方法も

さわってわかる工夫や、音声での案内、これは目の見える人にも便利なものですね。スマホに話しかける機能、私も使っていますよ。

スマホ

スマホは音声で内容を聞きます。ちょっとした情報も、メールも、毎日使っています。

電子レンジの音声

わが家の電子レンジは、料理のメニューを選ぶと、作り方を音声でガイドしてくれるんですよ。これは、視覚障害者のためにつけられた機能というわけではなく、目の見える人も便利に使っているようです。

買い物

食料品や日用品など、ふだんの買い物は生協を使っています。インターネットで音声を聞きながら選んでいます。ふだんの買い物にはあまり困っていませんが、ときには近くのスーパーに行くこともあります。新しい商品やその日のお買い得商品、おいしそうなものなど、いろいろな情報がほしいなと思います。

……… パソコンが点訳を変えた ………

　パソコンやインターネットは、私たちの生活の中のさまざまな場面で使われていますが、その歴史はそんなに古いものではありません。パソコンが開発され、広く使われるようになったのは1980年代のことです。
　点字の世界も、パソコンと点字プリンタの登場によって、大きく変化しました。点訳のスピードが速くなり、1度点字データを作れば、何部でも印刷することができるようになりました。また、パソコンで点訳できるようになったことで、点訳ボランティアの数もいっきにふえ、たくさんの点字図書が作られるようになりました。

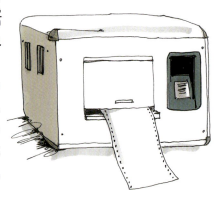

　年齢が33才はなれているりこさんとあおいさんは……

私が小学生のころは、テストの問題も、先生が1部ずつ点字タイプライターでうっていたの。

えっ……今は、点字プリンタで印刷しているんだよ。

印刷するときは、二つに折った亜鉛板に点字をうって、その間に紙をはさんでローラーにかけて、1枚ずつ印刷していたの。亜鉛板は固い板だから、まちがったときはトンカチでたたきつぶして直すのよ。自分がほしい資料があったら、それを借りて、よく自分で転写（書き写すこと）していたの。

うわあっ、今は授業のときも宿題も、点字のプリント、いっぱいだよ。

私より20才ぐらい年上の人はね、大学の受験勉強をしていて模試を受けるとき、まず予備校から問題をもらって、それをだれかに読み上げてもらって自分で点訳して、それから問題を解いて、その答えをまた普通の文字に書きとってもらってから、予備校に持っていったんだって。

自分で点訳？ それじゃ、テストにならないじゃない！

そうねえ、それでも、ほかの人と同じ模試を受けたかったのね。今は点字で受けられる模試もあるから、大ちがいだね。

私は、点字で本を読むのも大好きなの。子どもの本は少なくて、読みたい本が点字でないときは、ボランティアさんに点訳してもらうこともあるんだ。

その本は、どのくらいでできあがってくる？

だいたい、1か月ぐらい。とっても待ちどおしい！

パソコン点訳がなかった時代は、1年ぐらい待つことも普通だったの。だから、できあがったときには、もう話題の本じゃなくなっていることもよくあったの。今はサピエ図書館で検索すると、話題の本はけっこう点訳されているよね。

27

点字とくらす

CASE 03 西条 樹(さいじょう いつき) 【25才(さい)／会社員(かいしゃいん)】

Itsuki Saijo

名前(なまえ)	西条 樹(さいじょう いつき)
年齢(ねんれい)	25才(さい)
見え方(みかた)	全盲(ぜんもう)
いつ見(み)えなくなったか	中学校(ちゅうがっこう)1年生(ねんせい)のとき、病気(びょうき)で
今(いま)	一人(ひとり)ぐらしの会社員(かいしゃいん)
しゅみ	映画鑑賞(えいがかんしょう)、カラオケ

―どんなふうに、くらしているの？―
私の1日

6:50	起床。まずシャワーを浴びて目を覚ます。朝ごはんはいつもパン。
7:30	身支度を整えて、急いで家をでます。
8:10	地下鉄で通勤、いつも早めに会社に入るようにしています。
8:20	まず、メールをチェック、必要な返信もすぐに。この時間は人が少ないから、仕事がはかどる！　1日の仕事の予定を考えます。
9:00	取引先との電話対応、打ち合わせ、会議資料の作成などで、あっというまに午前中がすぎていく。
12:00	同僚と社員食堂へ。
13:00	来客の対応のあと、報告書の作成や電話対応などが続く。
18:30	仕事を切り上げて、帰宅。
19:00	家の近くの行きつけの定食屋さんで夕食。
20:00	コンビニに寄って、明日の朝のパンと牛乳を買って帰宅。メールをチェック、ニュースも音声で確認。
22:00	シャワーを浴びて、洗濯機を回す、乾燥もしてくれる！
23:30	好きなテレビ番組を見て笑ってから、就寝。

休日は…

まず、朝寝坊。それから、一人ぐらしだから、掃除や洗濯、ゴミだしなど、たまった家事をする。副音声つきの映画があれば友だちをさそって映画館へ。いっしょに食事したり、買い物することも。

CASE 03　西条 樹

点字、こんなことに使っています

　会社での仕事は、普通の文字の文書を処理していかないといけないから、音声と点字を工夫して使い分けているんだ。

筆記用具は点字電子手帳

　大学に入学する前に、ふだんの筆記用具は点字盤からブレイルメモという点字ディスプレイのついた点字電子手帳へ。仕事でメモをとったり、会議の資料のデータをもらって、点字に変換して読んでおいたり、資料を確認しながら電話をしたり。実は好きな歌の歌詞を点字で入れておいて、カラオケにも持っていっているんです。

ポスト

仕事で郵便をだすことがときどきあります。ポストの「手紙・はがき」と「大型郵便物」は点字をさわらなくても、大きさもちがうし、左右でもう覚えているんだけれど、確認するのは集配の時間。もう今日の集配は終わっているから、明日の朝イチだな、とか確認することがあります。集配の時間はそのポストごとにはられているので、雨や風で、ざらざらになってきて読みにくいこともあるんだけれどね。

	平日	土曜
取集時刻 1	9時15分ごろ	9時15分ごろ
取集時刻 2	14時00分ごろ	14時00分ごろ
取集時刻 3	17時30分ごろ	

ヘイジツ　　ドヨー
9：15
14：00
17：30

エレベーター

会社はビルの7階。エレベーターの点字は、やっぱりあると便利です。

CASE 03　西条 樹

点字があれば、自分でできる！

プライバシーにかかわることは、だれかの目を借りるんじゃなくて、自分で確認したい。そんなとき、点字はやっぱり役に立つんだ。

ＡＴＭ

お金のことは、できるだけ自分でしたい。郵便局や銀行のＡＴＭは、インターホンを使った音声の案内にしたがって、テンキーと点字表示を使えば、一人でお金の出し入れができるんだ。

区役所からの手紙

一人ぐらしなので、自宅の郵便物の処理は大変なことの一つ。区役所からくる手紙は、点字で表示があるので、中身はわからなくても、とりあえずとっておくようにしています。

点訳ボランティア

点訳してほしいものがあるとき、支えてくれるのが点訳ボランティアの人たち。仕事に必要な資格試験の問題集など、学生時代からお世話になっている点訳ボランティアの方にお願いして点訳してもらっているんだ。

点字、自分でつけます！

ちょっと点字で書いておく、ちょっとした情報が点字で書いてあるだけで、探すスピードや安心感は全然ちがってくるんだよ。

自分の家のポスト

ぼくはマンションの4階、401号室に住んでいます。家のポストには自分で「401」と点字をはってあります。

郵便物

だれかに見てもらえるときに、郵便物の仕分けをします。不必要なチラシの中に大事なものが混ざっていたりします。必要なものは分けて、中身がわかるように、封筒のはじに点字をうっておきます。

墨字の資料や名刺

仕事で使う普通の文字の資料にもはじのところにちょっと点字をうっておきます。取引先からもらった名刺はすぐにデータにするけど、相手の名前を点字でもうって整理しておきます。

普通の名刺に直接打っておく

CASE 03　西条　樹

点字以外の方法も

　仕事でも毎日の生活でも、パソコンと音声ソフトは欠かせない。視覚障害者の生活は IT 機器の進歩で、大きく変化したんだよ。でも、ちょっとしたことを手伝ってくれる人がいることは、それと同じくらい大切でありがたいし、大好きな映画の副音声をつける作業は、機械ではできないことなんだ。

パソコンは音声で

仕事や毎日の生活の中で、パソコンは欠かせないもの。音声ソフトが画面を読み上げるのを聞きながら使っています。普通の文字の文書も、音声で漢字を確認しながら作っています。

腕時計

仕事中は時間を確かめるのに、音声に頼るわけにはいかないので、さわってわかるタイプの腕時計を使っています。

音やにおい

街を歩くときたよりになるのが、音やにおい。パン屋さん、うどん屋さん、カレー屋さんなどのいいにおい、パチンコ屋さんの音などで、「あっ、ここまで来たな」って確認しています。

デパートのコンシェルジュ

デパートでは予約すると、コンシェルジュが買い物を手伝ってくれるサービスがあります。相談しながらいろいろな商品の中から選べるので、お世話になった人に何かをおくるときなどに利用しています。

人に頼む！

人に頼むこと、だれかの目を借りることももちろんよくあります。同じ職場の人、友だち、近所の人、ヘルパーさん。ちょっとした書類を見てもらったり、自分で書いた普通の文字にまちがいがないかを確認してもらったり。はじめての場所にでかけるときにガイドしてもらうのは、特にありがたいなあ。

映画は副音声つきで

最近は、スマホのアプリを使って副音声の解説のついた映画を見る機会がふえてきました。登場人物の表情や動作、情景の説明などを音声で聞くと、今どうなっているかがわかりやすいです。

CASE 03 西条 樹

命にかかわること

　駅や電車にも、いろいろなところに点字がつけられるようになってきている。自分で確かめられるのは安心だね。駅のホームは、混雑しているし、一歩まちがえば命にかかわることもあるから、慣れているところでも慎重に歩くようにしているんだ。

駅の中の点字

通勤するときに、ときどき確認するのが、電車のドアやホームドアについている車両とドアの番号。いつもの車両に乗っているかがすぐに確認できて安心なんだ。ふだんあまり使わない駅で確かめるのが、階段の手すりの点字。何番線、どこ方面かを確かめてからホームに行くよ

うにしているよ。ホームの点字ブロックは、ホームのはじにしかれているから、そのことを意識して使うようにしている。一歩まちがえば、線路に転落してしまうからね。内方線があると、やっぱり安心だな。

ホームドア

駅のホームドア、最近ふえてきたけれど、ついていない駅もまだ多い。ぼくも1度ホームから転落したことがある。反対のホームに入ってきた電車の音を、そのときにかぎってかんちがいして、乗ろうとしちゃったんだ。すぐに周りの人が気がついてくれて引き上げてくれたから、大けがにはならなかったけれど、ホームドアはあったら安心だなあ。ホームから落ちる人は、一人で歩くのに慣れていない人と思われがちだけど、実は、一人で通勤したり、出張したり、遊びにでかけたり、一人歩きに慣れている人の方が多いんだ。

内方線つきの点字ブロック

・・・・生産中止！【大切に使われているのに……】・・・・

大学生や、樹さんのように仕事をしている人たちにとって、点字ディスプレイのついた点字電子手帳を使うのは、今やあたりまえのことになりました。その一方で、大切に使われてきたものの生産中止が続いていて……。

私が子どものころは、日本で作られているタイプライターが3種類あったけれど、ほそぼそと作られていたテラタイプが2015年に、2016年にライトブレーラーが生産中止になって、とうとう国産のものがなくなってしまったの。

私が持っているパーキンスブレーラーは、アメリカのものだよね。

ぼくもパーキンスを持っていたけれど、今は点字盤と電子手帳だけだな。でも、日本製のタイプライターがないのは心細いなあ。

それが、2017年の10月にNewテラタイプがべつの会社から発売されたの！ アイフレンズという会社の社長さんが製造を引き継いでくれたの。今の時代、点字ディスプレイを使う人がふえたし、点訳ボランティアもほとんどがパソコンになって、タイプライターを使う人は確かに減ったけれど、でも、軽くて持ち運びも楽で、サッと書けるタイプライターは、やっぱり便利で私はときどき使っています。

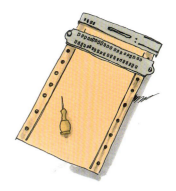
木製点字盤も今は手に入らないんだよね。ぼくは持っているけれど、りこちゃんは？

もう買えなかったの。私が持っているのはプラスチック製。

明治のころから作られ続けてきた、とてもすぐれた点字器だったから、りこちゃんにもぜひ使ってほしい。今とだえてしまうのは、本当にもったいない。

これは点字ラベルや、点字と普通の文字がいっしょになったラベルを作ることのできる機械。2005年に発売されていろいろな表示などに使われてきたけれど、2014年に生産中止に。

あっ、私の学校でも、ロッカーにはってある名前はテプラで作っているんだって。

日本のすぐれた技術があれば、点字の世界にも役立ついろいろなものが作れるはず。でも、たくさんは売れないので、なかなか作ってもらえない。

どうしたらいいのかなあ……。

あなたなら、どう思う？

その人の年齢や生活、考え方によって、同じ点字についても意見がちがってきます。あなたなら、どう思う？ 3人の意見を比べながら、「もし、自分が点字を使う視覚障害者だったら……」と考えてみてください。

缶ビールや缶チューハイについている「オサケ」という点字表示について、3人の意見を聞いてみましょう。

実は、缶ビールの点字をさわったことがありません。缶ジュースも飲まない。学校には水筒に麦茶を入れて持って行くし、外で買うときは、ペットボトルの方が多いかな。ビニールのところに点字がついていたらうれしいな。

ビールもチューハイも冷蔵庫に入れています。いちおう置き場所を分けるようにはしているけれど、ビールのつもりが、あけてみたらチューハイだったということも。ぼくは神崎さんとはちがう意見で、やっぱり種類や味を知りたいなあ。

うちの冷蔵庫にはたいてい缶チューハイが冷えています。アルコールかどうかがすぐにわかるので、「オサケ」の表示は、子どもがいる私には安心です。

飲み物の自動販売機に、「コイン」「シヘイ」「ヘンキャク」の点字がつけられているものを街なかで見かけることがあります。でも、これでは、視覚障害者には使えない！ あなたなら、どんな解決策が考えられるかな？

暑い夏の日、外を歩いていて、冷たいコーヒーを飲みたい！と思ったとき、ちょうど自動販売機があったんだ。そこには「コイン」「紙幣」「返却」の点字が。でも、かんじんの商品はわからなくて、買えなかった……。スマホのアプリを使って、スマホをかざすと商品名を読み上げてくれるようにならないかなあ。

商品はどんどん入れ替わるから、すべてに点字表示をつけるのは難しい。子どもにはあまり甘いものを飲ませたくないので、果汁10％なのか100％なのか、そんなことも知りたいです。中２の娘といっしょだと、いろいろ説明してくれて、「へー、そんな商品もあるんだ」と思うことがあります。

お話ししながら買えるようになったらいいな。「りんごジュース」って言ったら「炭酸入りですか？」って聞いてきたり、「紅茶はありますか」って言ったら、「ストレートですか、ミルクティーですか？」って答えてくれて、選んでいくの。

41

きっとできる、こんなこと！

りこさん、あおいさん、樹さん、毎日の生活の中で、こんなことができるようにならないかな……と思っていることを聞いてみましょう。

> 私、おしゃれをしたい！ 今、はやっているものって何だろう？ 私もかわいい洋服が着たいな。色にも興味があるの。スマホのアプリや、ペン先をつけると色を音声で教えてくれる「カラートーク」っていう機械もあって、いろいろなものでためしているよ。かわいいピンクとはでなピンクがあるって、お母さんは言ってるよ。ファッション雑誌も、点字で読みたいなあ。

> 普通の文字の雑誌は、情報量も多いし、カラフルだし、全部点字にするって、なかなか大変なのよね。普通の文字の情報は、点字と比べると本当に多い！

うちは、子どもの学校からくるプリントを読むのが大変。大切なもの、返事が必要なもの、あまり関係のないもの、本当にいろいろ。夫は目が見えるのですが帰ってくるのが遅くて……。最近は小学3年生の息子も漢字が読めるようになって、プリントの内容を伝えてくれるようになってきました。普通の文字を音声で読み上げてくれる音声読書機も使っています。でも、レイアウトがいろいろで、正確に読み取れないものも多い。普通の文書を、正確に、わかりやすく読み上げてくれる機械がほしいな。

だったら、学校からのお知らせがメールやホームページから読めるようになるといいんじゃないですか？

あっ、そういう学校もあるわね。でも、何もかも音声で聞かなければいけないとなると、時間がかかりすぎて……。

ぼくも、郵便受けに入ってくるいろいろなチラシや郵便物が何なのか、サッとわかるように読み上げてくれる機械がほしいなあ。それから、ぼくは、自動車を運転してみたい！　見えなくなる前は、友だちと自転車を乗り回して遊んでいたから、自転車に乗れなくなったのはつらかったな。自動運転はもう少ししたら実現するのかな？

文字は何のために？

普通の文字で書かれたさまざまな文書や、目から入ってくるたくさんの情報を、パソコンやインターネットの技術をいかして、音声で伝えてくれることが多くなりました。それは、目の見えない人にとってだけでなく、だれにとっても便利なものであるようです。点字は必要なくなっていくのでしょうか……？

私はやっぱり、読むものは点字で読みたいなあ。妹が「子ども新聞」を毎週読んでいるのがうらやましい！ 自分のペースで、読みたいところは何度でももどって、じっくり読めるのが点字のいいところだと思う。

何かを確実に身につけていくときにも、文字あってこそ。点字がなかったら英検も受からなかったと思うわ。

会社では周りはみんな目の見える人だから、仕事の文書は、音声やデータのやりとりがほとんどだけれど、自分でサッとメモをとったり、あとから確認したりするのにはやっぱり点字が便利。

私もテストの前に勉強するとき、難しい言葉は何回も書いて覚えてるの。

仕事で新しい言葉がでてきたとき、点字を読んでいたら、聞きまちがって覚えていたことに気づいたこともあったな。難しいことは、聞いているだけだとあいまいになりますね。

目の見える人たちも、インターネットや携帯電話で音声を使うことがふえて、活字を読んだり、手で文字を書くことが減っているけれど、文字はやっぱり大事なものじゃないかしら。りこちゃん、作文や日記も、点字がなかったら、口で言ってだれかに書きとってもらうことになるのよ。

えっ、それいやだ。自分で考えながら、一人で書きたいな！　それに、だれかに書きとってもらったら、あとから自分で読み返せないってこと？

パソコンで普通の文字を書くことを覚えると、樹さんのように、音声で聞きながら読み返せるようになるけれど、指で読むのと音で聞くのは、やっぱりちがうかな。点字にはじっくり考えたり、ゆっくり味わう楽しみがあると思うの。

普通の文字しかない資料でも、その内容をちょっと点字で書いておけば、その資料を自分で取りだすことはできる。点字があれば、一人でできることもふえますね。

そうそう、私も、子どもが小さかったとき、家にあるＤＶＤやＣＤの中から子どもが言ったものをサッとだしたり、絵本を読んであげたりできたのも、点字があったからね。子どもといっしょに絵本を読むのは楽しかったな。

　自由に読み書きできて、物事をきちんと理解したり考えたりするために必要なもの。便利で、楽しくて、人の生活を豊かにしてくれるもの。文字の大切さは、点字も普通の文字も同じです。文字は何のためにあるのか？　点字にふれながら、みなさんも考えてみてください。

みんなにできる！
あんなこと、こんなこと

 ### 手引きはこうやって！

みんなにできること、いろいろあります。たとえば……駅や街の中で、白杖を持って、歩きにくそうにしている人を見かけたら、声をかけてみましょう。

1. まず、声をかけます

声をかけながら、腕に軽くふれるとわかりやすいです。
いきなり腕をつかまれるのは、こわい！　ちょっと恥ずかしくても、必ず声をかけましょう。

2. 腕か肩をかします

自分のひじの上のあたりを持ってもらいます。相手の身長が自分よりかなり高いときは、肩に手を置いてもらいます。こうすると、自然に相手より半歩前を歩く形になり、歩いたり止まったりする動きが伝わりやすくなります。

3. 言葉で説明する

階段や段差などがあるとき、目から入る情報を言葉で伝えます。

👆 絶対にしないでほしいこと

●歩きスマホ

歩きながらスマートフォンや携帯電話を見ている人、自分はものにぶつからずに歩けるつもりでも、見えない人はよけることができません。点字ブロックの上で立ち止まってスマホをいじったり、荷物を置いたりも、しないでほしいことです。

●点字ブロックの上に自転車

点字ブロックの上に止められた自転車をなぎ倒してしまった経験をもつ視覚障害者もたくさんいます。そんなことをしないだけでも、視覚障害者はずいぶん歩きやすくなるのです。

こんなトラブルが！

> お店の商品が、道路までならべられていて、そこにつっこんじゃったことがあるの。

> 道をたずねたときに、「すぐそこに見えていますよ」とか「あそこを曲がったらすぐ」と言われても……。「100メートルぐらい歩いたところ」「二つ目の角を右に曲がって」など、具体的に言ってもらえるとわかりやすいです。

> 通勤のときはラッシュ時で、白杖をけられてしまったことが……。混雑しているときにはたまにあることなんだ。白杖を拾ってくれた人がいたけれど折れてしまっていた。予備の杖をいつも持ち歩くようにしているんだ。

目から入るたくさんの情報を伝えよう

　さまざまな情報の8割は、なんと目から入ってくるといわれます。新しいお店、商品の種類や値段、レストランのメニュー、電車やバスの時刻表、テレビに映ったニュースの場面、自分のしゅみの情報……。目の見えない人と接する機会があったら、文字や映像の情報を言葉にして伝えることを心がけてみてください。

ありがとう、助かっています！

お父さんと二人でデパートに行ったとき、トイレに行きたくなって……。お父さんがトイレの入り口でちょっと困っていたら、知らない女の人が「いっしょに入りましょう」って声をかけてくれて、トイレの中を説明してくれたの。

私は、子どもの洋服を買うときに、いっしょに選んでくれる友だちがありがたいわ。

友だちと食事をするときに、メニューを値段もいっしょに読み上げてくれるんだ。いっしょにあれこれ料理を選ぶんだけど、いつも自然な感じで、その心遣いがうれしいなあ。

49

「声をかける勇気」と「断られる勇気」を

　街の中で視覚障害者を見かけたとき、声をかけるのはちょっと勇気のいることです。でも、その一声のおかげで、安心して歩くことができる視覚障害者がふえるのです。

　勇気をだして声をかけたのに、「だいじょうぶです」と、断られることもあります。さあ、そんなとき、みんなならどう思う？「せっかく勇気をだして声をかけたのに……」「もう２度と声をかけたくない！」と思う人も少なくないようですが、ちょっと待ってください。

　声をかけられた視覚障害者は、どう思っていたのかな。「毎日、通い慣れているところだから一人でだいじょうぶ」「電車から降りた人が行ってしまうまで少し待って、すいてから歩こう」。だから、そのときはだれかに手伝ってもらう必要はなかったのかもしれません。

　電車の中で席をゆずるときも同じ。「目は見えないけれど、体は元気！」「すぐに降りるから立っていればいい」「降りたときに階段に近い出口にいたい」そんなことを考えて断る人もいます。断られたら、「そうですか」と言って、またもとの席にすわればいいのです。

　「声をかける勇気」とともに、「断られる勇気」ももてるといいですね。そして、それを何度か繰り返していくうちに、べつに「勇気」なんてださなくても、自然にやりとりができるようになりますよ。

何かをしてあげるだけでなく……

　目の見えない人に何かをしてあげたい。この気持ちはとても大切です。街の中で手引きをしてあげたり、目から入ってくる情報を言葉や点字で伝えたり。でも、一つ忘れないでほしいのは、視覚障害者は何かをしてあげるだけの対象ではないということ。視覚障害者にも、学校に通ったり、仕事をしたり、それぞれの生活があります。得意なこと、好きなこともそれぞれにもっています。目の見えない部分を助けてあげることはあるけれど、ぎゃくに、教えてもらったり、助けてもらったりすることもある、対等な関係であるということを、ぜひ忘れずにいてください。

おわりに

　私たちの毎日の生活の中で、インターネットやスマートフォンは、あるのがあたりまえの時代になりました。いろいろなことが便利になり、ゲームやメールなど、楽しみもふえる一方で、文字を手で書いたり、意識して自分で読むことは、以前に比べて確実に減っています。音声や画像は多くの人にとってわかりやすいものですが、もしも自由に読み書きできる文字がなかったら——みんなはどう思いますか。点字を使う人たちの生活の中でも、さまざまな場面でＩＴ機器が使えるようになり、音声のおかげで多くの情報が得られるようになりました。音声があれば、点字はなくてもいいんじゃないか、そんな声が聞かれることもあります。

　でも、りこさん、あおいさん、樹さんの点字とのかかわりを振り返ってみてください。文字は、自分でできることをふやし、知識を確かなものにし、仕事や生活をスムーズにし、人の生活を豊かにしてくれるものではないでしょうか。

　もしも点字を使う視覚障害者と話す機会があったら、ぜひいろいろなことを聞いてみてください。その人はりこさんやあおいさん、樹さんとはちがうことを言うかもしれません。ちがってあたりまえなのです。なぜちがうのだろう、どうしたらいいのかな、そう自分で考えられる人がふえていくことが、みんなが住みやすい社会をつくっていくことにつながるのだと思います。

「見えない」世界で生きること
―もっと知りたい人のために―

「見えない」ってどんなことだろう？　障害をもつ人の一人ひとり異なる、さまざまな声に耳をかたむけてみてください。点字ブロックについての資料もあげておきました。点字ブロックはなんと日本で発明されたものなんですよ！　学校生活、スポーツ、仕事、毎日のくらし、自分自身の障害について……ここでは紹介しきれませんが、視覚障害をもつ人自身が書いた手記もたくさん出版されています。そんな本の中には、きっと素敵な出会いがあることでしょう。ぜひ手にとって、点字を使う人たちの世界に一歩ふみこんでみてください。

BOOK LIST

『目の不自由な子どもたち』稲沢潤子ほか／大月書店 (1998)

『目の不自由な友だち』灰崎武浩／金の星社 (2005)

『目に障害のある子といっしょに』竹内恒之・折原恵／偕成社 (2000)

『バリアフリーをめざして』黒﨑恵津子／岩崎書店 (2000)

『点字について話そう』黒﨑恵津子ほか／汐文社 (1998)

『見えない私の生活術』新納季温子／クリエイツかもがわ (2016)

『目の見えない人は世界をどう見ているのか』伊藤亜紗／光文社 (2015)

『目の見えないアスリートの身体論――なぜ視覚なしでプレイできるのか』伊藤亜紗／潮出版社 (2016)

『みえるとか　みえないとか』ヨシタケシンスケ／アリス館 (2018)

『点字ブロック――日本発 視覚障害者が世界を安全に歩くために』徳田克己・水野智美／福村出版 (2011)

文：黒﨑惠津子（くろさき えつこ）

早稲田大学大学院文学研究科日本文学専攻修士課程修了。中学時代に点字部に入部、早稲田大学点字会での活動へと続く。立教高等学校で統合教育を受ける視覚障害者のコーディネーター、筑波大学附属盲学校司書教諭、日本図書館協会障害者サービス委員などを経て、現在は東京都立文京盲学校教諭。『子どものための点字事典』（汐文社）、『点字技能ハンドブック―視覚障害に関わる基礎的知識』（共著、視覚障害者支援総合センター）など、点字に関する著書が多数ある。

絵：朝倉めぐみ（あさくら めぐみ）

多摩美術大学油画科卒。出版社勤務を経て、ロンドンに留学。帰国後、イラストレーターに。装画・挿絵のほか、絵本、広告など活動は多岐にわたる。リトグラフを中心に版画制作も。ドイツで作品展を巡回。

写　　真 ● 社会福祉法人 日本点字図書館
デザイン ● 松本惠子

点字 はじめの一歩 ③ 点字とくらす

2018年11月　初版第1刷発行
2020年 6月　初版第2刷発行

文　　黒﨑惠津子
絵　　朝倉めぐみ
発行者　小安宏幸
発行所　株式会社 汐文社
　　　　〒102-0071　東京都千代田区富士見1-6-1
　　　　電話 03-6862-5200　FAX 03-6862-5202
　　　　URL http://www.choubunsha.com
印　刷　新星社西川印刷株式会社　社会福祉法人 日本点字図書館
製　本　東京美術紙工協業組合

ISBN 978-4-8113-2449-4
乱丁・落丁本はお取り替えいたします。
ご意見・ご感想はread@choubunsha.comまでお寄せください。